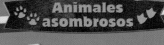
Animales asombrosos

Criaturas prehistóricas

Números hasta 1,000

Saskia Lacey

Créditos de publicación

Rachelle Cracchiolo, M.S.Ed., *Editora comercial*
Conni Medina, M.A.Ed., *Gerente editorial*
Dona Herweck Rice, *Realizadora de la serie*
Emily R. Smith, M.A.Ed., *Realizadora de la serie*
Diana Kenney, M.A.Ed., NBCT, *Directora de contenido*
June Kikuchi, *Directora de contenido*
Caroline Gasca, M.S.Ed., *Editora superior*
Stacy Monsman, M.A., *Editora*
Michelle Jovin, M.A., *Editora asociada*
Sam Morales, M.A., *Editor asociado*
Fabiola Sepúlveda, *Diseñadora gráfica*
Jill Malcolm, *Diseñadora gráfica básica*

Créditos de imágenes: portada, págs.1, 4, 5, 7, 8–9, 10–11, 13, 15, 16–17, 19, 21, 23, 25 (superior), 26, 27 Timothy J. Bradley; págs.2–3 Jaroslav Moravcik/Shutterstock; pág.6 Efrain Padro/Alamy; pág.11 (superior) Kayte Deioma/Zuma Press/Alamy; pág.18 Michael Loccisano/Getty Images; pág.25 (inferior) Feargus Cooney/Alamy; todas las demás imágenes de iStock y/o Shutterstock.

Unas palabras sobre las ilustraciones: Los animales de este libro fueron ilustrados con colores brillantes y patrones remarcados. Como el color no se conserva durante el proceso de fosilización, quizá nunca sepamos de qué color eran estos animales. Sin embargo, podemos ver los animales actuales y observar los colores y patrones vivos que evolucionaron con el tiempo. Es posible que algunos animales prehistóricos hayan sido tan llamativos como los que vemos hoy en día.

Library of Congress Cataloging-in-Publication Data

Names: Lacey, Saskia, author.
Title: Criaturas prehistoricas : numeros hasta 1,000 / Saskia Lacey.
Other titles: Prehistoric creatures. Spanish
Description: Huntington Beach : Teacher Created Materials, [2018] | Series: Animales asombrosos | Audience: Age 8. | Audience: K to Grade 3. | Includes index. |
Identifiers: LCCN 2018007567 (print) | LCCN 2018013535 (ebook) | ISBN 9781425823238 (ebook) | ISBN 9781425828615 (paperback)
Subjects: LCSH: Animals, Fossil--Juvenile literature.
Classification: LCC QE765 (ebook) | LCC QE765 .L3318 2018 (print) | DDC 560--dc23
LC record available at https://lccn.loc.gov/2018007567

Teacher Created Materials

5301 Oceanus Drive
Huntington Beach, CA 92649-1030
www.tcmpub.com

ISBN 978-1-4258-2861-5

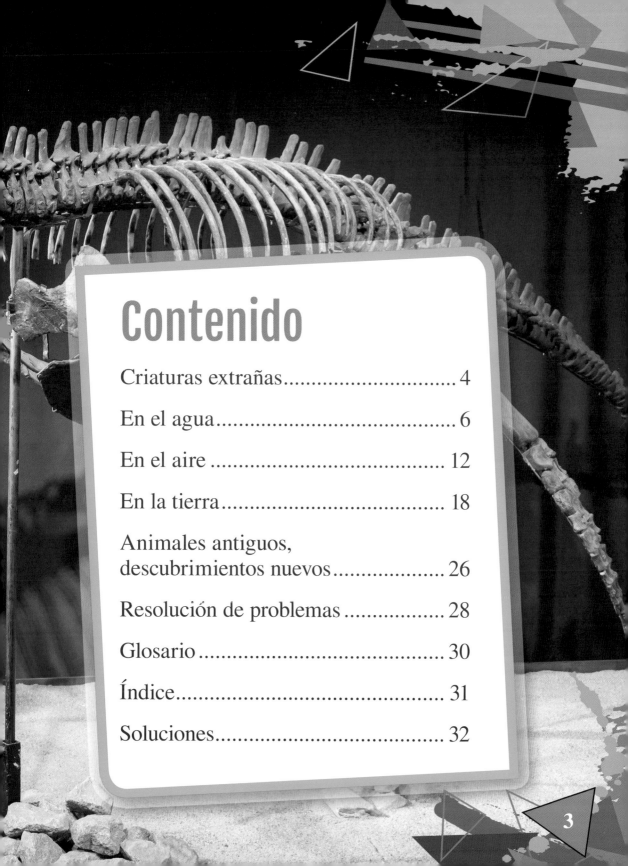

Contenido

Criaturas extrañas

Es posible que hayas escuchado hablar del tiranosaurio rex. Tal vez conoces a los *Triceratops*. Pero, ¿podrías identificar una *Titanoboa*? Hace mucho, animales extraños vagaban por la tierra. Había serpientes tan largas como un autobús escolar. Había aves más grandes que las personas. ¿Te parece demasiado increíble para ser cierto? ¡No lo es! Te damos la bienvenida a las maravillas de la edad **antigua**.

Liopleurodon

Titanoboa

En el agua

En algún tiempo, grandes criaturas nadaron en las aguas de la Tierra. Eran grandes y fuertes. Junto a ellas, ¡los grandes tiburones blancos parecerían diminutos!

Megalodonte

Los megalodontes fueron un tipo de tiburón **prehistórico**. Todas sus partes eran enormes. Tenían mandíbulas gigantes. Podían llegar a medir hasta 54 pies (17 metros) de largo. Cada diente medía 7 pulgadas (18 centímetros) de largo. ¡Eso es tres veces el tamaño de un gran tiburón blanco!

Una mujer se para delante de las mandíbulas enormes de un megalodonte.

El megalodonte vivía cerca
de la superficie del océano.

megalodonte

gran tiburón blanco

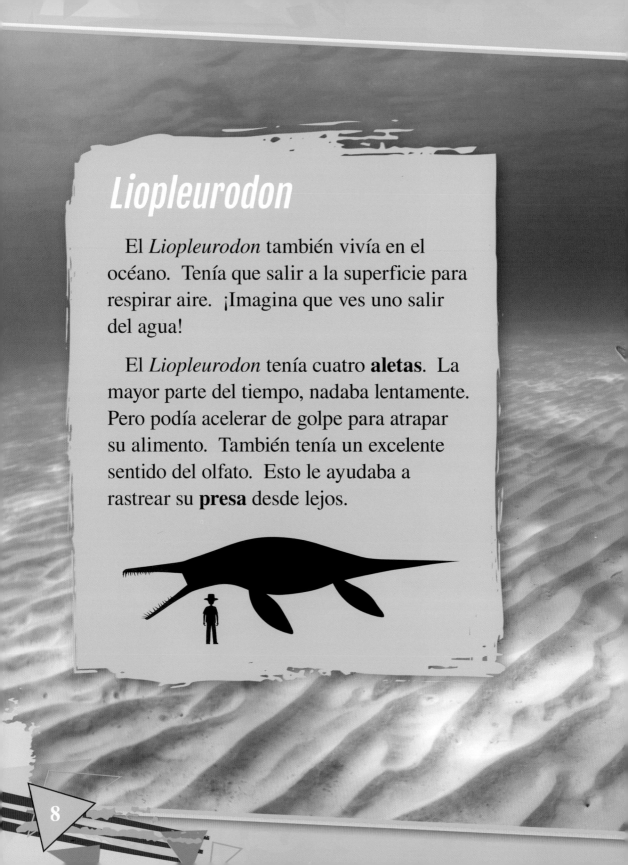

Liopleurodon

El *Liopleurodon* también vivía en el océano. Tenía que salir a la superficie para respirar aire. ¡Imagina que ves uno salir del agua!

El *Liopleurodon* tenía cuatro **aletas**. La mayor parte del tiempo, nadaba lentamente. Pero podía acelerar de golpe para atrapar su alimento. También tenía un excelente sentido del olfato. Esto le ayudaba a rastrear su **presa** desde lejos.

El *Liopleurodon* vivía en aguas poco profundas en lo que ahora es Europa.

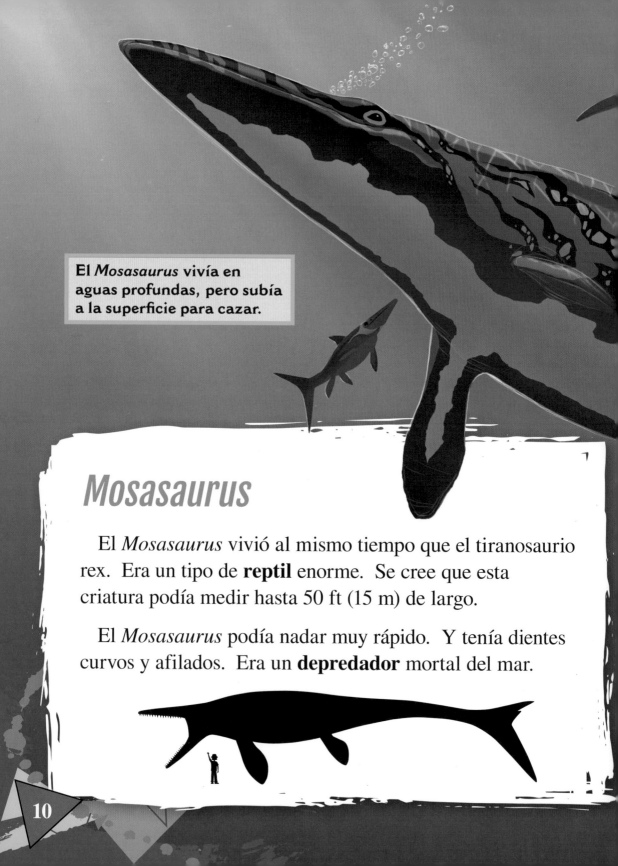

El *Mosasaurus* vivía en aguas profundas, pero subía a la superficie para cazar.

Mosasaurus

El *Mosasaurus* vivió al mismo tiempo que el tiranosaurio rex. Era un tipo de **reptil** enorme. Se cree que esta criatura podía medir hasta 50 ft (15 m) de largo.

El *Mosasaurus* podía nadar muy rápido. Y tenía dientes curvos y afilados. Era un **depredador** mortal del mar.

What was their
ld like?

Este esqueleto de *Mosasaurus* tiene más de 65 millones de años.

En el aire

Algunas criaturas prehistóricas podían volar alto por los aires. Si bien algunas eran gigantes, otras eran diminutas.

Quetzalcoatlus

El *Quetzalcoatlus* tenía alas enormes. De hecho, ¡una de estas criaturas tenía alas que se extendían hasta más de 50 ft (15 m)! Debido a sus grandes alas, este reptil pasaba la mayor parte del tiempo en el aire. Pero también podía caminar por la tierra. Una de sus **características** más asombrosas era su mandíbula, que medía 8 ft (2 m) de largo. ¿Suena temible? Seguro, ¡pero este reptil no tenía dientes!

¿Qué tan rápido podía volar el *Quetzalcoatlus*? Usa los bloques base diez para hallar la respuesta. Luego, completa la afirmación.

Centenas	Decenas	Unidades

Los científicos piensan que el *Quetzalcoatlus* podía volar hasta _____ kilómetros por hora.

El *Quetzalcoatlus* vivía en el área que ahora es América del Norte.

Pteranodon

Algunos piensan que el *Pteranodon* se parecía a un pelícano. Sus mandíbulas se parecen. Pero no tienen el mismo tamaño. ¡Las del *Pteranodon* eran enormes! Cuando caminaba por tierra, era tan alto como un humano adulto. Y tenía mas de 20 ft (6 m) de **envergadura**. ¡Eso es tan alto como una jirafa!

pelícano actual

El *Pteranodon* vivía
en la tierra, pero iba
a cazar al mar.

15

Rhamphorhynchus

No todas las criaturas voladoras prehistóricas eran grandes. Este reptil era muy pequeño.

El *Rhamphorhynchus* medía menos de 2 ft (60 cm) de largo. Tenía una cabeza larga, ojos grandes y dientes afilados. También tenía una cola **única**. La punta de su cola tenía forma de lanza. Esta forma ayudaba a la criatura a dirigir su vuelo.

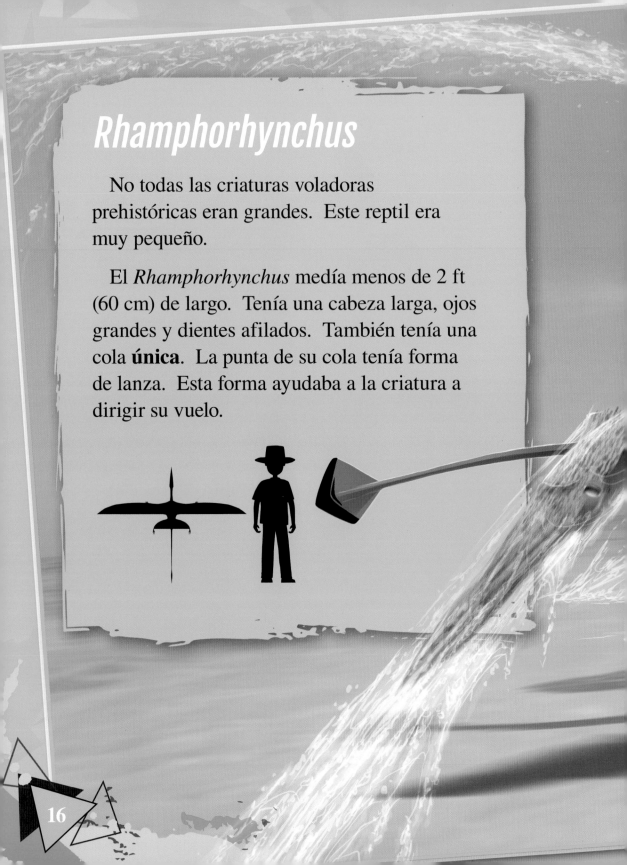

El *Rhamphorhynchus* atrapaba los peces de la superficie del agua antes de ir a tierra a comer.

En la tierra

Muchas bestias antiguas nadaban en el agua y volaban por los aires. Pero otras vivían en la tierra. Corrían, trepaban y se arrastraban.

Titanoboa

La *Titanoboa* era una serpiente enorme. Podía crecer hasta medir más de 40 ft (13 m) de largo. ¡Eso es tan largo como un autobús escolar! Y pesaba 2,500 libras (1,135 kilogramos). ¡Eso es casi el peso de un automóvil pequeño!

Esta réplica de una *Titanoboa* fue exhibida en la Grand Central Station en Nueva York entre 2012 y 2013.

La *Titanoboa* vivía en selvas cálidas y húmedas.

Gigantopithecus

El *Gigantopithecus* era un simio gigante. Medía más de 10 ft (3 m) de alto. Sus fuertes dientes lo ayudaban a avanzar entre las plantas. Desafortunadamente, el gran tamaño de este simio pudo haberlo llevado a la **extinción**. La mayor parte del tiempo comía frutas. Cuando la fruta era difícil de hallar, el simio no podía comer lo suficiente para sobrevivir.

EXPLOREMOS LAS MATEMÁTICAS

El *Gigantopithecus* podía pesar alrededor de 400 + 90 + 8 kilogramos.

1. Escribe el peso como un número de tres dígitos.

2. ¿Cuál de las siguientes es la manera correcta de leer el peso?

    A. cuatro nueve ocho

    B. cuarenta y nueve ocho

    C. cuatro noventa y ocho

    D. cuatrocientos noventa y ocho

El *Gigantopithecus* vivía en las selvas del sudeste asiático.

Phorusrhacos

Si bien el *Phorusrhacos* tenía alas, esta ave no podía volar. En cambio, vivía y cazaba en la tierra.

Mientras estaba en tierra, esta ave podía correr muy rápido. Podía perseguir a su presa hasta 40 millas por hora (65 kilómetros por hora). Medía más de 8 ft (2 m) de alto. Y tenía un pico afilado y con forma de gancho. Todas estas características convertían a esta criatura en una gran depredadora.

El *Phorusrhacos* vivía en las llanuras de América del Sur.

Megatherium

El *Megatherium* se alimentaba de hojas y arbustos como los perezosos actuales. Pero estas criaturas eran enormes. Tenían el tamaño de los elefantes.

Este perezoso antiguo tenía una lengua larga. Sus mandíbulas gigantes tenían dientes que podían moler plantas. También tenían garras afiladas. Algunos creen que estos perezosos podían usar sus garras para arrancar árboles del suelo.

EXPLOREMOS LAS MATEMÁTICAS

El *Megatherium* podía medir hasta 335 centímetros de alto.

1. Marca 335 en una recta numérica similar a la que aparece abajo.

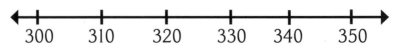

300   310   320   330   340   350

2. Escribe 335 como un total de centenas, decenas y unidades.

3. ¿Cuál de las siguientes es la manera correcta de leer el número 335?

    A. treinta treinta y cinco

    B. trescientos treinta y cinco

    C. tres treinta y cinco

    D. trescientos tres cinco

Visitantes de un museo de Londres observan el esqueleto de un *Megatherium*.

El *Megatherium* vivía en áreas secas y arboladas.

Animales antiguos, descubrimientos nuevos

El mundo prehistórico estaba lleno de vida, grande y pequeña. Se podían encontrar seres vivos en el mar, en el aire y en la tierra. Algunos animales tenían un aspecto temible. ¡Otros tenían un aspecto raro! Solo los conocemos porque los científicos todavía estudian a las criaturas antiguas. Estudian sus **fósiles**. Así es como saben cosas sobre ellos, como su tamaño y qué comían. Todavía hay posibilidades de que puedan encontrarse nuevos monstruos gigantes del pasado. Todos los años hay nuevos descubrimientos. ¿Qué encontrarán los científicos ahora?

El *Spinosaurus* medía hasta 59 ft (18 m) de largo.

¡El *Titanosaurus* pesaba tanto como 10 elefantes!

⚙️ Resolución de problemas

Muchos reptiles antiguos eran grandes. Pero ¿qué tan grandes? Completa la tabla para indicar la longitud de cada reptil de manera diferente.

Nombre del reptil	Longitud en pulgadas			
	Gráfico	Número de tres dígitos	Palabras	Total de centenas, decenas y unidades
Titanoboa				
Megalodonte				500+40
Mosasaurus		360		
Liopleurodon			doscientos cincuenta y dos	

Glosario

aletas: partes planas del cuerpo que sirven para nadar

antigua: muy vieja

características: partes importantes o interesantes de algo

depredador: un animal que mata y come a otros animales

envergadura: la distancia entre la punta de un ala y la punta de la otra ala

extinción: el estado de no existir más en el mundo

fósiles: restos de plantas o animales que vivieron hace mucho tiempo

prehistórico: del tiempo anterior al que las personas podían escribir

presa: seres vivos cazados por otros seres vivos como alimento

reptil: un tipo de animal de sangre fría que pone huevos y que, generalmente, está cubierto de partes duras o escamas

única: que no se parece a nada

Índice

Soluciones

Exploremos las matemáticas

página 12:

129 kilómetros por hora

página 20:

1. 498 kilogramos   **2.** D

página 24:

1.

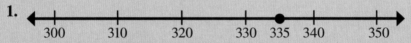

2. 300 + 30 + 5

3. B

Resolución de problemas

Titanoboa: 480; cuatrocientos ochenta; 400 + 80

Megalodonte: 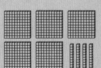 ; 540; quinientos cuarenta

Mosasaurus:  ; trescientos sesenta; 300 + 60

Liopleurodon:  ; 252; 200 + 50 + 2